COMIENDO LUMBRE

LUMBRE

eating fire

COMIENDO LUMBRE

eating fire

GINA VALDES

maize press • mazorca series

Cover Art by: Gina Valdés

Maize Press
The Colorado College—Box 10
Colorado Springs, CO 80903

Acknowledgments

"Buscando una Nueva Casa," and "Koh" were published in *Maize, Notebooks of Xicano Art and Literature,* Vol.4, No.1-2. "En mi Casa" was published by *La Palabra,* 1982. "Between Two Worlds," and "I Want to Write a Love Poem" were originally printed by *Xhismearte,* 1984. "Creative Oppression" and "My Mother Sews Blouses" were published in *Imagine,* Vol.II, No.1.

ISBN: 0-939558-10-6
Library of Congress Catalog Card Number: 85-72187

This project is supported by a grant from the National Endowment for the Arts, in Washington, D.C., the Centro Cultural de la Raza in San Diego, California, and The Colorado College in Colorado Springs, Colorado.

Completado el 6 de junio, nuestro cumpleaños, mamá, un regalo para todos aquellos que están creando un mundo mejor, para Rosalía, que me enseña a reír, y para tí, mamá, porque me enseñaste a nunca darme por vencida.

Completed on June 6, our birthday, mother, a present for all those creating a better world, for Rosalía, who teaches me to laugh, and for you, mother, because you taught me to never give up.

Contents

Where You From?

Soy de aquí
y soy de allá
from here
and from there
born in L.A.
del otro lado
y de éste
crecí en L.A.
y en Ensenada
my mouth
still tastes
of naranjas
con chile
soy del sur
y del norte
crecí zurda
y norteada
cruzando fron
teras crossing
San Andreas
tartamuda
y mareada
where you from?
soy de aquí
y soy de allá
I didn't build
this border
that halts me
the word fron
tera splits
on my tongue

Llegaba el Domingo

Llegaba el domingo y llegaba el pánico.
Veinticinco horas y nada que hacer.
Tendríamos que decidir entre los tres
cines.

En el De Anza enseñaban películas
francesas y no podríamos entrar porque
estaría henchido hasta los pasillos
con casados.
En el Ensenada estarían exhibiendo
una variedad de películas—
    LA VIDA DE PANCHO VILLA
    LA MUERTE DE PANCHO VILLA
    EL RETORNO DE PANCHO VILLA
    LA REVANCHA DE PANCHO VILLA
    EL CABALLO DE PANCHO VILLA
    LA PISTOLA DE PANCHO VILLA
    LA CABEZA DESAPARECIDA DE PANCHO VILLA
    LA CABEZA ENCONTRADA DE PANCHO VILLA

Sólo quedaba el Cine México donde
pasaríamos la tarde del domingo
maldiciendo a John Wayne por cada
yaqui, apache y mexicano que mataba.

Sunday Arrived

Sunday arrived and panic arrived.
Twenty five hours and nothing to do.
We would have to decide between
the three theaters.

At the De Anza they showed French films
and we wouldn't be able to get in
because it would be crammed up to
the aisles with married men.

At the Ensenada they would be showing
a variety of movies—
    THE LIFE OF PANCHO VILLA
    THE DEATH OF PANCHO VILLA
    THE RETURN OF PANCHO VILLA
    THE REVENGE OF PANCHO VILLA
    THE HORSE OF PANCHO VILLA
    THE GUN OF PANCHO VILLA
    THE DISAPPEARED HEAD OF PANCHO VILLA
    THE FOUND HEAD OF PANCHO VILLA

There was only the Cine Mexico left,
where we would spend Sunday afternoon
cursing John Wayne for every Yaqui,
Apache and Mexican that he killed.

Buscando Una Casa Nueva

Necesitábamos una casa nueva
en Los Angeles, en 1945.
        Florecientes jacarandas
adornaban las calles de casas blancas
donde caminabas solo, padre, con tu
traje café oscuro que usabas a misa
los domingos que ibas, con tu bigotito,
tu cabello negro peinado en una sola
onda, parándote una pulgada más alto
que tus cinco pies ocho pulgadas,
tocando el timbre otra vez, pasaron
cinco minutos, cinco años, una vez más
tocaste el timbre, ignorando el letrero,
NO DOGS OR MEXICANS.
Se abrió una puerta, lanzaron palabras
a tu cara sonriente,
"Can't you read?"

Algunos días veía tu cara sin sonrisa
y no encontraba a mi padre sino a una
multitud de hombres, nómadas buscando
un lugar donde alojarse. Pero siempre
regresaban tus sonrisas a iluminar los
sótanos donde nos escondían.

        Florecientes jacarandas
adornan las calles de casas blancas
donde caminamos tu nieta y yo,
parándonos en una casa con un letrero
rojo, tocando el timbre, esperando
oír la respuesta de siempre,
"It's already rented."
Seguimos caminando.

Searching For A New House

We needed a new house
in Los Angeles, in 1945.

      Blooming jacarandas
lined the white housed streets
where you, father, walked alone
with your dark brown suit that
you wore to mass on the Sundays
that you went, with your trimmed
mustache, your black hair combed
into one neat wave, standing one
inch taller than your five feet
eight, ringing the bell, five
minutes passed, five years, you
rang the doorbell one more time,
ignoring the sign,
NO DOGS OR MEXICANS.
A door unlatched, words hurled
at your smiling face,
"Can't you read?"

Some days I saw your face without
a smile and could not find my
father but a multitude of men,
nomads searching for a dwelling
place. But always your smiles
returned to light the basements
where we were hid.

      Blooming jacarandas
line the white housed streets
where your granddaughter and I now
walk, stopping at a house with a
red sign, ringing the bell, waiting
to hear the same response:
"It's already rented."
We walk on.

13

A Mi Hermana

Yo hacía guisados en mis cazuelitas
con zacate y pétalos de geranios,
diseñaba vestidos de baile para mis
muñecas y las tuyas que nunca tocabas;
tú construias casas, administrabas
hoteles y restaurantes.

A los cinco yo pataleaba para que
me quitaran los overoles y me pusieran
un vestido; tú corrías del Colegio
México a quitarte la falda y la blusa
del uniforme y a ponerte una camiseta
y un pantalón; yo me encerré un día
entero en la recamara para que no me
cortaran los rizos largos; tú chiflabas
rumbo a la peluquería para que te cortaran
el pelo tan cortito como el de papá.

Una mañana en casa de mi mejor amiga
oí la voz de su mamá, siempre tan suave,
llena de temor, de furia, No quiero que
vuelvas a jugar con ella. No grites,
ahí está su hermana. No importa. Con
ella si puedes jugar. Ella es una buena
muchachita. Pero pobre de ti si te pezco
jugando con esa otra.

Ese era el mundo que nos esperaba. Yo,
la aceptable mujer femenina, la que
promete conformidad. Tú, a desarrollar
tus diferencias a escondidas, o abiertamente
y rechazada.

Nunca antes o después de aquel día me he
sentido tan cerca de ti, tan hermana.

To My Sister

I made stews in my cazuelitas
with grass and geranium petals,
designed evening dresses for my
dolls and for yours that you
never touched, you built houses,
managed hotels and restaurants.

At five I kicked so they would
take off my overalls and put a
dress on me, you ran from the
Colegio Mexico to take off the
skirt and blouse of your uniform
and put on a T-shirt and pants,
I locked myself in a bedroom a
whole day so they wouldn't cut
my long curls, you whistled on
the way to the barbershop to
get your hair cut as short as
our father's.

One morning at my best friend's
house I heard her mother's voice,
always so soft, full of fear, of
rage, I don't want you to play
with her again. Don't shout, her
sister is here. I don't care.
You can play with her. She's a
good little girl. But you'll be
sorry if I catch you playing with
that other one.

That's the world that awaited us.
I, the acceptable feminine woman,
the one who promises conformity.
You, to develop your differences
secretly, or openly and scorned.

Never before or after that day
have I felt so close to you,
so sisterly.

Between Two Worlds

I played hopscotch at the border
back and forth I crossed
two hundred times at least
landing in Ensenada
near primos and tías
two rooms creaking wood
geraniums chickens dust salty air
I didn't bathe twice a day
water was holy in Ensenada

I played hopscotch at the border
landing in Los Angeles
primos and tías held out hands
in East L.A.
changarritos menudo for crudos
smoking corn scent tortillerías
broken windows chicharrones
riñones corazones tripas panela
salsa del pato red candles
abarrotería del Chino Ramón Calle Ruíz
pan dulce en mañanas frías
Ensenada Calle Aldama Calle Obregón
home home to familia of Mexicanos
Los Angeles Whittier Indiana
home home to familia of Chicanos
rented three room peeling palace
in Watts, forty dollars a month
five dollars less than three cracked
rooms in Maravilla

I played hopscotch at the border
men in green smile their green smiles
never ask me for papers, my skin is light
I crossed the border at least two hundred times
border linea abstract barrier
between my two concrete worlds

Cuando Venían A Nuestra Casa

Cuando venían a nuestra casa,
novios, amigas, maestras,
trabajadores sociales, esperaban
encontrar a mi mamá moldeada
en un sillón desteñido, su piel
oscura, trenzas plateadas
encogiéndose bajo un rebozo negro.

Qué gusto me daba al ver como se
les abrían los ojos, cuando una
mujer alta, rubia, con un vestido
rojo, les brincaba, su piel y sus
ojos suaves, ofreciendo enchiladas
sonorenses, tequila 1800.
Una, dos, tres copitas.
¡Ajúa! gritaba. ¡Soy yaqui! De
mero Sonora. Somos buena gente,
pero si no tratan bien a una yaqui,
¡cuídense!

When They Came To Our House

When they came to our house,
boyfriends, girlfriends, teachers,
social workers, they expected to
find my mother molded into a fading
armchair, her brown skin, gray braids
shrinking under a black shawl.

How I loved the widening of their eyes
when a tall blonde woman in a red dress
leaped at them, her skin and eyes soft,
offering enchiladas sonorenses, tequila
1800. One, two, three copitas.
Ajúa! she yelped. Soy Yaqui! De mero
Sonora. We're nice people. But if
you're not kind to a Yaqui, watch out!

Mi Mamá Cose Blusas

Mi mamá cose blusas
por un dolar la pieza.
Han de estar trabajando
con tela negra otra vez,
veo sus dedos deslizarse
en sus párpados.
Hace seis meses fue con
el oculista viejo, el que
"sabe todo de los ojos,"
que le volteó los párpados
y se los raspó con un
cuchillito para sacarle
la hilaza negra.

Sus ojos estuvieron lustrosos
y claros por unos cuantos
meses. Ahorita está
parpadeando, hablando
de la escuela nocturna.

My Mother Sews Blouses

My mother sews blouses
for a dollar a piece.
They must be working on
black cloth again, I see
her fingers sliding on
her eyelids.

Six months ago she went
to the old oculist, the
one who "knows all about
eyes," who turned her
eyelids inside out and
scraped them with a tiny
knife to get the black
lint out.

Her eyes were bright and
clear for a few months.
She's blinking now,
talking about night
school.

La Lotería

Subo corriendo
las escaleras
al tercer piso
del hotel del
centro de L.A.,
espero a que
llegue mamá con
la olla de pozol,
toco la puerta
y espero cinco
minutos por un
beso de Borgoña
en la frente,
por una rasgadura
gris en la mejilla
del abuelo
desenrollándose
las mangas de
la camisa,
guiándonos a
los mejores
asientos en
el cuarto, frente
a una ventana
grande sin cortinas,
por donde vemos a
Los Angeles pasar,
abuelo dándome
palamaditas en
las piernas,
diciéndome con
su voz ronca,
ya verás, te voy
a comprar un vestido
nuevo, y besa
un boleto de lotería

que regresa a
la caja vacía
de puros, mientras
miro de reojo
las fotos de
revistas de mujeres
desnudas prendidas
en la pared,
el crucifijo
de plástico
sobre la cama,
un pichón café
en la repisa
de la ventana
cantando, cu cu cu.

The Lottery

I run up
the stairs
to the third
floor of the
downtown L.A.
hotel, wait
for mother to
arrive with the
pot of pozol,
knock on the door,
wait five minutes
for a Burgundy
kiss on the
forehead, a
gray scrub
on the cheek
from Abuelo
rolling down
the sleeves of
his shirt,
guiding us to
the best seats
in the room,
in front of a
large curtainless
window where we
watch Los Angeles
pass by, Abuelo
patting my legs,
telling me in
his raspy voice,
you'll see,
I'm going to buy
you a new dress,
as he kisses
a lottery ticket

that he returns
to the empty
cigar box,
while I glance
sideways at the
magazine pictures
of nude women
pinned on the wall,
at the plastic
crucifix at the
head of the bed,
at a brown pigeon
on the windowsill
singing, cu cu cu.

Lamparas De Manzanillo

Entro a Chino
y veo hileras
de puestos en
el pasto, paso
exhibiciones de
llaves de cuero,
cintos de macramé,
anillos de metal,
y ahí está el
tío Tony, rodeado
de diez raíces
de Manzanillo,
barnizadas
a lámparas,
cada una tomó
un mes para hacer,
sólo dos lámparas
más y estaré
afuera, de regreso
en el Mercado Central,
todo el día llamando
a paseantes a su
puesto de frutas,

yo tengo las más
baratas, las mejores,
obsequeando naranjas
dulces a monjas,
gritando, i yo soy
un hombre libre!
a los patos en
el parque Lincoln,
que le contestaban
con graznidos,
así como hoy grazna
correteándome
en el pasto
de la prisión,
todavía lo escucho
mientras mamá duerme
durante el viaje
en camión de tres
horas regreso a casa,
al fijar la vista
en los nudos
de la lámpara
de manzanillo.

Manzanita Lamps

I walk into Chino
and see rows of
stands on the lawn,
pass displays of
leather keyholders,
macramé belts,
metal rings, and
there's uncle Tony
surrounded by ten
manzanita roots
lacquered into
lamps, each took
a month to make,
only two more lamps
and I'll be out,
back in the Mercado
Central, all day
calling passers-by
to his fruit stand,
I've got the cheapest,
I've got the best,
offering sweet oranges
to nuns, shouting,
I'm a free man!
to the ducks
at Lincoln Park,
that quacked back
at him, the way
he quacks chasing
me on the prison
lawn, I can still
hear him as mother
sleeps during the
three hour bus ride
back home, while
I stare at the gnarls
of the manzanita
lamp.

La Pelota Azul

Sentados en el pasto
en Norwalk, el tío Sal,
mamá y yo platicamos
de los Dodges y Chevys
que empujábamos en
Whittier, First,
San Pedro, en días
de agosto, noches de
diciembre, mientras
un hombre con un
uniforme gris se para
cerca de nosotros y
avienta para arriba
una pelota azul,
una y otra vez avienta
y agarra esta pelota
que dice que es el
mundo que no debe caerse
porque la vida tiene
que seguir y seguir y
seguir.

The Blue Ball

Sitting on the lawn
at Norwalk, uncle Sal,
mother and I, talk of
the Dodges and Chevys
that we pushed on
Whittier, First,
San Pedro, on August
days, December nights,
while a man in a gray
uniform stands nearby
throwing a blue beach
ball up in the air,
over and over he
throws and catches
the ball that he says
is the world that
musn't fall for life
must go on and on and
on.

Curaciónes

1

Al mes me estaba muriendo
de tos ferina. "Llévesela
a la casa", le dijo el doctor
a mamá. "Están gastando
para nada su dinero. No
podemos salvarla."
Mamá me llevó a la casa, me
separó del hospital, de los
doctores, de las enfermeras, paró
todo medicamento. En dos meses
estaba bien.

2

Mi tía abuela, tía María,
sembraba y secaba yerbas
para aliviar todos los
malestares. Algunos la
llamaban curandera.
Cuando nos trasladamos de
Ensenada a Los Angeles queríamos
civilizarnos pronto. Para
nuestros malestares del desarrollo
pediamos Maydol, Peptobismo,
aspirina Bayer, ünguento de Vick's,
nos reíamos de nuestra tía
primitiva con su ruda y yerbabuena.
Ahora nos reclinamos con
nuestras tazas de manzanilla
y platicamos de tía María y
sus modos civilizados.

3

Por ahí en los 60 oí que todos
los médicos en Israel se pusieron
en huelga y que muy pronto todos
los directores de funerarias se
pusieron en huelga contra los médicos,
quejándose de que el negocio había
declinado drasticamente.

4

Mi hermana hablaba mucho del
jugo de zanahoria, y empezaba
a mencionar mucho a la luna.
Mamá dijo que estaba loca.
Está loca. Bien loca. Ahora
en Noche Buena mamá hace
tamales de dulce con margarina
de soya y miel de abeja, fermenta
trigo, cultiva brotes de alfalfa
y de fenugreco, hace jugo de
zanahoria, dice que la comida
de restaurante envenena. En
lunas llenas se mantiene alejada
de ciertas personas.

5

Dadora de sonrisas,
círculo de delicia,
luna llena de maíz,
agua y lima, beso tu
cara grande y cálida,
mamá de la vida, hostia
terrestre, inspiración
de costureras y poetas,
quiero comerte a besos.

6

Para sentirte mejor está la yerba
de trigo, para relajarte, botones
de manzanilla. Los besos se sienten
bien y las manos que acarician
suavemente, la gente bondadosa, el
trabajo benéfico, la meditación,
los cánticos, la música, ¡por
todas partes, la música! A las
células les gusta cantar y bailar.
Las flores cantan del sol. En la
madrugada, lloran de alegría.

Healings

1

At one month I was dying
of whooping cough. "Take
her home," the doctor told
my mother. "You're wasting
your money. We can't save
her."

Mother took me home from
the hospital, from the
doctors, from the nurses,
stopped all medication. I
became well in two months.

2

My great-aunt, tía Maria,
grew and dried herbs to
relieve all ills. Some
called her a curandera.

When we moved from Ensenada
to Los Angeles we wanted to
become civilized quickly.
For our growing pains we
asked for Mydol, Peptobismo,
Bayer's Aspirin, Vick's rub.
We laughed at our primitive
aunt with her ruda and
yerbabuena.

Now we sit back with cups
of chamomile and talk about
tía María and her civilized
ways.

3

Sometime in the 60's I heard
that all of the doctors in
Israel had gone on strike
and that soon after all the
morticians had gone on strike
against the striking doctors
complaining that business had
dropped sharply.

4

My sister talked a lot about
carrot juice, and she started
mentioning the moon a lot.
Mother said she was crazy.
Está loca. Bien loca. Now
on Christmas Eve mother makes
sweet tamales with soy margarine
and honey. She ferments wheat
berries, grows alfalfa and
fenugreek sprouts, juices
carrots, talks about restaurant
food making one toxic. On
full moons she stays away from
certain people.

5

Giver of smiles,
circle of delight,
full moon of corn,
water and lime, I
kiss your big warm
face, mother of life,
earthly host, round
inspiration of
seamstresses and
poets, I want to
eat you with kisses.

6

To get high there is grass
of wheat, to lay back, buttons
of chamomile. Kisses feel good
and hands stroking lightly,
kind people, kind work, meditation,
chants, music, music everywhere!
The cells love to sing and dance.
Flowers sing of the sun. At dawn,
they cry with joy.

Verano, 82

Siento que estoy parada en la luna,
vapor ácido me quema la nariz y los
ojos. Corro al carro rentado, manejo
por un largo trecho de desierto negro
mirando los huesos torcidos de árboles,
polvo blanco contra la tierra negra. De
la negrura la luz verde de un helecho
asombra. Al acercarme al pueblo siento
la humedad de los helechos, de los cocos,
de los tamarindos rojos.

Kilauea lanzará lava 60 pies de alto,
la comunidad cercana será evacuada cinco
veces en siete meses.

Está más caliente y bochornoso de lo que
me esperaba. Dicen que es El Niño, una
tormenta del Golfo de México. En la piel
siento la inquietud de mi tierra del sur.

Cae un aguacero de mediodía. En un
cañaveral una espalda morena relumbra
con lluvia y sudor.

Summer, 82

I feel I'm standing on the moon,
acid steam burns my nose and eyes.
I run to the rented car, drive for
a long stretch of black desert
looking at the gnarled bones of
trees, powdery white against the
black earth. From the blackness
the green light of a fern startles.
Nearing the town I feel the moisture
of ferns, of coco palms, of red
tamarinds.

Kilauea will spurt lava 60 feet
high, the community around it will
be evacuated five times in seven
months.

It's hotter and muggier than I had
expected. They say it's El Niño,
a storm from the Gulf of Mexico. On
my skin I feel the unrest of my
southern homeland.

A midday shower falls. In a cane field
a brown back glistens with rain and
sweat.

Usted
(Vuestra merced)

Usted está muerto
　　¿Yo?
No tú, usted
　　Pensaba que eramos amigos
Por la amistad, por eso ha muerto usted
　　¿Qué pasa? ¿Te has vuelto loco?
Yo no, tú no, usted está loco
¡Que muera! ¡Que muera usted!
Usted separa
Usted discrimina
Usted confunde
Con usted no hay igualdad
¡Que muera! ¡Que muera usted!
¡Que vivas tú!
Tú, tú, sólo tú

Lo Necesario

Dices que es necesario
    para evitar problemas psicológicos
    para que mejoren mis estudios
    para que mejore mi poesía
    para no olvidar como hacerlo
    porque a lo mejor mañana nos atropella un carro
    porque a lo mejor hoy es el fin del mundo
    porque no sé lo que me estoy perdiendo
    porque rejuvenece
    porque la vida
    porque la muerte
    porque hasta Marx
    porque, ¿por qué no?

Necessities

You say that it's necessary
    to avoid psychological problems
    to improve my studies
    to improve my poetry
    so I won't forget how to do it
    because maybe tomorrow a car will run over us
    because maybe today is the end of the world
    because I don't know what I'm missing
    because it rejuvenates
    because life
    because death
    because even Marx
    because, why not?

Nirvana

Hacer el amor
  contigo
es perder
   tiempo
espacio
  proposito
  persona
no soy nadie
en ninguna parte
haciendo nada
  y nada
 es perfecto

Nirvana

Making love
    with you
is losing
      time
space
    purpose
     self
i am nobody
    nowhere
doing nothing
and nothing
  is perfect

En Mi Casa

En mi casa
todos lo muebles
han sufrido desventuras
no hay ni uno
que no esté desportillado
cicatrices de caricias rudas
que toda visita masculina
les ha dado

una silla de paja
tiene el vientre desgarrado
un sillón cojea
una mesa redonda de tres patas
con tres patas heridas tambaléa

no queriendo compartir
la misma suerte
que mis muebles
atranqué todas las puertas
de mi casa

pero a ti
bailarín de pierna segura
pianista de mano cautelosa
pintor de rasgos finos
te abrí mi casa
mis cuartos
mis armarios
te dejé piruetear
en mis pisos
tocar en mis techos
pintar en mis paredes

en la madrugada
me despierta el suspiro
de un sillón roto
el gemido de una mesa temblorosa
el sollozo de una silla destrozada
y me pregunto
si tengo el corazón intacto

At My House

At my house
all the furniture
has met misfortune
the one that isn't torn
is broken
scars of rough caresses
left by male visitors

a straw chair
has its womb ripped out
an armchair limps
a round three-legged table
on three wounded legs wobbles

not wanting to share
the same fate as my furniture
I bolted the doors
of my house

but to you
sure leg dancer
soft hand pianist
light stroke painter
I opened my house
my rooms
my cabinets
I let you pirouette
on my floors
make music on my ceilings
paint on my walls

at dawn
I'm awakened
by the sigh of a broken armchair
by the moan of a quivering table
by the sob of a wrecked chair
and I ask myself
if my heart is intact

Koh*

tu imagen—
          relámpagos silenciosos
          dientes de peces hambrientos
          espadas de samurai
          algas mojadas enroscadas
          vapor de sake hirviendo
me agacho
monja rapada en orgía de templo
abrazando botella de vino
                    comida sagrado
loto
esperando sol

con palillos ardientes de koh
tu imagen desvanece

*incienso

Koh*

your image—
              silent thunderbolts
              hungry fish teeth
              samurai swords
              wet coiled seaweed
              boiling sake steam

I crouch
shaved nun in temple orgy
clutching wine bottle
                    holy food

lotus
waiting for sun

with burning koh sticks
your image fades

*incense

Comiendo Lumbre

Con tu boca suelta
le haces el amor
a mi boca. Sabes
mejor que aquel mango,
el más jugoso que comí
lentamente un día hasta
que no quedó ni una
hebra anaranjada en
el hueso blanco.
No pares,
deja que el sol explote
silencioso en mi boca,
así me gusta vivir,
comiendo lumbre, probando
tu pulso, tus sueños, tu
corazón en mi boca.
No pares,
quiero que tu beso dure un
poema, una mirada de buho.

Allá, a un planeta de tu beso
está mi casa, la alfombra
blanca con los poros empolvados,
las sábanas lilas percudidas,
el mantel manchado, la chequera
sin sumar, el carro con la llanta
gastada, la libreta con dos poemas
empezados, mil por empezar, mi
hija creciendo como helecho.

Y fuera de mi casa, casi adentro,
el mundo rasgándose más con cada
mentira. La gente mala de codicia
apuntando con su hierro a la gente
rabiosa de hambre. Las mentiras
y las balas me hieren día y noche.
Cien mujeres salvadoreñas se desangran
por mí, por mi silencio. Sus gritos
son mis pesadillas.

No sé de donde oigo un suspiro, no
sé si es mio o tuyo o de que mori-
bunda o recien nacida.

En tu boca no suspiro, sorbo
tu aliento de nubes, me gusta
lo que me dice tu lengua; tu
corazón en mi boca me hace
sentir por lo que escribo, por
lo que lucho, por lo que, cuando
carece, me indigno.

No pares,
dame eso que sientes al abrir los
ojos en la alborada, lo que te hace
saltar de tu cama hasta el sol.
No quiero que pares, estoy atrapada
en la soltura de tu boca.

Pero suéltame, déjame ir, dame
tu aliento y suéltame, quiero irme
acercando a otros fuegos. Necesito
escribir, necesito escribir del amor,
de las manos de pétalos, de los puentes,
de las puertas. Necesito escribir
de ese amor apasionado: el amor
al pan, al arroz, al maíz
en la mesa de todos.

Eating Fire

With your loose mouth
you make love to
my mouth. You taste
better than that mango,
the juiciest one that
I ate slowly one day
until there was no longer
one orange fiber left on
the white pit.

Don't stop,
let the sun explode
silently in my mouth,
that's how I like to live,
eating fire, tasting your
pulse, your dreams, your
heart in my mouth.

Don't stop,
I want your kiss to last
a poem, a stare of an owl.

Over there, a planet from
your kiss, is my house, the
white rug with its pores dusty,
the lavender sheets soiled,
the tablecloth stained, the
checkbook unbalanced, the car
with its worn tire, the notebook
with two unfinished poems, one
thousand to be started, my
daughter growing like a fern.

And outside of my house, almost
in it, the world ripping more with
each lie. The people cruel with
greed pointing their steel at the
people rabid with hunger. The lies
and the bullets injure me day and
night. One hundred Salvadoran
women bleed to death for me, for
my silence. Their screams are
my nightmares.

I don't know from where I hear
a sigh, I don't know if it's
mine or yours, or of what
dying woman or newly born.

I don't sigh in your mouth,
I swallow your breath of clouds.
I like what your tongue tells me;
your heart in my mouth makes me
feel what I write for, what I
struggle for, for what, when
it's missing, I become indignant.

                Don't stop,
give me that that you feel when
you open your eyes at dawn, that
that makes you jump from your
bed to the sun. I don't want
you to stop, I'm trapped in the
looseness of your mouth.

But, let me loose, let me go, give
me your breath and let go of me.
I want to get closer to other fires.
I need to write, I need to write
about love, about hands of petals,
about bridges, about doors. I need
to write about that passionate love:
the love of bread, of rice, of corn
on everyone's table.

Muerto de Paz

A un activista chicano le llaman buscapleitos
a un director racista, administrador competente
un palestino con un rifle es un terrorista
un israelita con un rifle es un soldado
una madre en welfare tomando de los ricos para
engordar a sus pobres es una estafadora
un presidente tomando de los pobres para engordar
a sus ricos es un buen economista

cuando una conservadora levanta la voz está
expresando sus opiniones
cuando una progresista levanta la voz está
difundiendo propaganda

un ciudadano ahorcando a alguien es un asesino
un policía ahorcando a alguien es un oficial de la
paz

los rusos con la bomba son traficantes de guerra
los americanos con la bomba son hacedores de paz

paz paz paz
por todas partes
muertos de paz

Peace Corpse

A Chicano activist is called a troublemaker
a racist principal, a competent administrator
a Palestinian with a gun is a terrorist
an Israeli with a gun is a soldier

a welfare mother taking from the rich to fatten
her poor is a chiseler
a president taking from the poor to fatten his rich
is a good economist

when a conservative speaks up she is expressing
her opinions
when a progressive speaks up she is spreading
propaganda

a civilian choking someone is a murderer
a policeman choking someone is a peace officer

Russians with the bomb are warmongers
Americans with the bomb are peacemakers

peace peace peace

everywhere

peace

corpses

Después del Recital

Me ofrecen vino.
¿Blanco o tinto?
me pregunta el poeta
disidente ruso. Escojo
el tinto, hablo de
las uvas amargas de
California.

After the Reading

I'm offered wine.
Red or white? asks
the dissident Russian
poet. I choose red,
speak of bitter
California grapes.

Quemándonos Juntos

Algunos días las brisas de San Diego refrescan
los pensamientos
      de valles interiores donde la gente se quema
         doble infierno
         sol blanco
         insecticidas
rociados solo horas antes de que Guadalupe de nueve años
y su familia
      pizcan coliflor en la madrugada
         ojos saltando
         volteando
      estomago corazón

Qué tanto más tiene que voltearse el estomago de Guadalupe
y el mio
y el tuyo
quienes comimos coliflor en la cena de anoche
festín de insecticidas
      despaciosamente quemándonos por dentro
        hasta que se rebelan las células

Qué tanto más tenemos que quemar
      por dentro y por fuera
      cuerpo y mente
      niños y tierra
      antes de que todos se rebelen

El coliflor que comemos hoy
      deja un sabor amargo de metal
      quemadura de exceso de plata en la lengua

Burning Together

Some days San Diego breezes cool thoughts
            of inland valleys where people burn
                        double hell
                  white sun
                  insecticides
sprayed only hours before nine year old Guadalupe
and her family
                  pick cauliflower at dawn
                  eyes jumping
                        turning
                  stomach heart

How long must Guadalupe's stomach turn
and mine
and yours
      who ate cauliflower for dinner last night
herbicide feast
            slowly burning insides
                  until cells rebel

How much longer must we burn
                  inside and out
                  body and mind
                  children and earth
                  before all rebel

Cauliflower eaten today
            leaves bitter taste of metal
            burn of excess silver on the tongue

Ser Radiante

No hay por qué preocuparse
de los proyectiles del
extranjero, de bombas
cayendo cerca de nuestra
costa, de derrames nucleares
y restos de descargo.

No hay por qué preocuparse
del EDB y otros insecticidas
tóxicos, el gobierno los
está reemplazando con restos
nucleares, una nueva forma
de tratar nuestra comida,
sin peligro para la cosecha,
dicen. Saborea el siguiente
bocado de maíz irradiado,
la tajada de zanahoria nuclear.

Si lo que comes es lo que eres,
ahora eres un sitio de descargo
para restos nucleares, rebozando
energía.

No hay por qué preocuparse
de los proyectiles del extranjero,
nomás come tus naranjas, trigo
y arroz. Conviértete en un ser
enteramente radiante.

Radiant Being

No need to worry about
missiles from abroad,
of bombs falling near
our coast, nuclear spills
and dumping sites.

No need to worry about
EDB, other toxic herbicides,
the government is replacing
them with nuclear waste, a
new way to treat our food,
safe for our crops, they
say. Enjoy your next bite
of irradiated corn, your
nuclear carrot stick.

If what you eat is what
you are, you are now a
dumping site for nuclear
waste, overflowing with
energy.

No need to worry about
missiles from abroad,
just eat your oranges,
wheat and rice. Become
a totally radiant being.

Opresión Creativa

Ella usaba shorts cortos, dijo el escritor,
que estaba cansado de ser molestado al ir
a sus clases por mujeres rabiosas protestando
la violación.

Del salón se pueden ver las puestas del sol
doradas y rosas cada seis minutos es reportada
una violación los eucaliptos se mecen las
ardillas corren una de cada diez mujeres será
violada lagartijas voltean las hojas de cada
mil violaciones reportadas hay diez convicciones
bicicletas patines senderos parque de
estacionamiento en un trimestre hubo doce
violaciones estudiantes pasean bajo el solazo
de La Jolla doce violaciones en diez semanas
más intentos no reportados conducidos
privadamente oficinas carros apartamentos
pieles bronceadas mentes de swastika educación
continua la misoginía es un curso fijo.

Ella usaba shorts cortos, dijo el escritor
cualquier cosa puede ser satirizada, dijo
el profesor, los estudiantes se rieron,
elogiaron la calidad de la escritura,
sostuvieron la primera enmienda, la libertad
de la expresión artística, lo sagrado del arte.

En este país todos somos libres. Todos
tenemos el derecho inalienable de oprimirnos
unos a otros, el derecho divino de joder
al mundo.

Creative Oppression

She wore short shorts, the writer said,
he was sick of being harassed
on his way to classes by angry women
protesting rape.

From the classroom one can see gold and
pink sunsets every six minutes a rape is
reported eucalyptus sway squirrels run
one out of ten women will be raped lizards
tumble leaves out of one thousand rapes
reported there are ten convictions
skate boards bicycles trails parking lots
in one quarter there were twelve rapes
students stroll under La Jolla sun twelve
rapes in ten weeks more attempted unreported
privately conducted offices cars apartments
tans swastika minds continuing education
misogyny is a standard course.

She wore short shorts, said the writer,
anything can be satirized, said the professor,
the students laughed, praised the high quality
of the writing, upheld the First Amendment,
the freedom of artistic expression, the
sacredness of art.

In this country we are all free. We all have
the inalienable right to oppress one another,
the God-given right to screw the world.

Working Women

Mi amigo, un cholo transplantado,
anda todo alocado con su Monte Carlo
amarillo con swivel bucket seats,
sun roof y quadrophonic sounds.
Me lleva low riding por El Cajon
a mirujear a las rucas on display
this working night, una con sus
tight red pants boogying on the curb,
fast gone, una gordita con su little
skirt hasta el ombligo y su fake fur,
otras dos waiting sentadas for a trick,
y el chota con sus two fast guns
acercándoseles a otras dos, y ahí into
Winchell's Donuts entra el pimp con
sus red pants, white shirt y su
cocked felt hat, y yo no sé que ando
aquí cruising so low, mirujeando
this working women's scene, thinking
of what rucas and rucos do to pay
their rent and eat, I, a poet hustling
hot verbs, a teacher selling brainwaves
in the S.D. red light school district,
feeling only un poco mejor than these
rucas of the night, a little luckier,
just as worn, my ass grinded daily
in this big cathouse U S A, que a
todos nos USA, una puta más in this
prostitution ring led by a heartless
cowboy pimp.

Quiero Escribir Un Poema De Amor

Quiero escribir un poema de amor a
aquel joven poeta cubano que se quedó
en Cuba armando con poemas el futuro
mientras su madre y amigos tomaban
un barco al pasado.

Quiero escribir un poema de amor a
aquel poeta nicaragüense que recita:
amor revolución Cristo la palabra,
recita la letanía que vive, vive la
letanía que canta.

Quiero escribir un poema de amor a
aquel poeta salvadoreño que, como
otros poetas que cantan la verdad,
pagó sus palabras con su aliento.

Quiero escribir un poema de amor a
todos los poetas conocidos y des-
conocidos desde las selvas de Brazil
hasta los desiertos de México, desde
las montañas de Bolivia hasta los
valles de California, que aman la
revolución de la palabra y dan la
palabra a la revolución.

I Want To Write A Love Poem

I want to write a love poem to
that young Cuban poet who stayed
in Cuba building the future with
poems while his mother and friends
took a boat to the past.

I want to write a love poem to
that Nicaraguan poet who recites:
love revolution Christ the word,
he chants the litany he lives, he
lives the litany he chants.

I want to write a love poem to
that Salvadoran poet, who the same
as other poets who sing the truth,
payed his words with his breath.

I want to write a love poem to
all the known and unknown poets
from the jungles of Brazil to the
deserts of Mexico, from the moun-
tains of Bolivia to the valleys of
California, who love the revolution
of the word and give the word to
the revolution.

Las Manos

Según la luz, del sol greñudo o de
la luna, de la sombra, de un tamarindo
a mediodía o de una capilla al atardecer,
las manos, estas manos, mis manos, tus
manos, se verán color de crema o de
canela, rosas, rojas, negras o amarillas—
nuestra herencia.
Estas son manos de congas, de requintos,
güiros, claves, bongos y timbales, de
maracas, charangos, guitarrones y marimbas,
castañuelas, panderetas y címbalos, tin tin
timbaleo tingo, estas manos cantan, bailan,
palmean al son del maíz rumbeando rumbo
a ser tortilla, estas manos redondean
albondigas y sueños, circundan cinturas,
suspiros y caderas, pelan plátanos, máscaras
y mangos, suman, restan, multiplican en
pizarras, en camas y en comales, estas
manos hablan español fluido, calientan,
quitan calentura, a veces escriben poesía,
a veces la recitan, estas manos pudieran
quitar todas las penas.
Estas manos, atadas con siglos de cordones
a hornos, a mesas y a pañales, a escobas,
trapeadores, bandejas y plumeros, a serruchos
y martillos, a palas, picos y asadones,
restriegan pisos, platos y mentiras, recogen
fresas, uvas, insultos y cebollas, siembran
maíz, yerbabuena, esperanza y cilantro,
poco a poco desentierran nuestra historia.
Estas manos, tan inmensas, tan pequeñas,
dos chuparrosas, calladas, quietas, juntas,
con un clavo atravesado de acero americano,
se desatan, gritan, se cierran en un puño
de amargura, de coraje, de impaciencia,
estas manos alzadas se abren, exigen lo mismo
que producen, que están dando, estas manos
sonrien en su triunfo.

The Hands

Depending on the light, of the hairy
sun or of the moon, of the shade, of
a tamarind at noon or a chapel at dusk,
the hands, these hands, my hands, your
hands, will appear cream or cinnamon,
pink, red, black or yellow—our heritage.

These are hands of congas, of requintos,
güiros, claves, bongos and timbales, of
maracas, charangos, guitarrones and marimbas,
castanets, tambourines and cymbals, tin tin
timbaleo tingo, these hands sing, dance,
clap to the beat of corn rhumbaing on its way
to becoming a tortilla, these hands round
albondigas and dreams, circle waists, sighs
and hips, peel bananas, masks and mangos,
add, subtract, multiply on blackboards,
beds and griddles, these hands speak fluent
Spanish, they warm, they reduce fevers,
sometimes they write poetry, sometimes
they recite it, these hands could take
away all pain.

These hands, tied by centuries of rope
to ovens, to tables and to diapers, to
brooms, mops, trays and dusters, to saws
and hammers, to picks, hoes and shovels,
they scrub floors, plates and lies, pick
strawberries, grapes, insults and onions,
plant corn, mint, hope and cilantro,
piece by piece they unearth our history.

These hands, so large, so small, two
hummingbirds, quiet, still, joined,
pierced by a nail of U.S. steel, unbind,
shout, close into a fist of sorrow, of
anger, of impatience, these raised hands
open, demand the same as they produce,
as they are giving, these hands smile
in triumph.

Gina Valdés has published two books; a novel, *There Are No Madmen Here*, and a book of coplas, *Puentes y fronteras*. She teaches Spanish, English and poetry in San Diego schools and continues to cross fronteras.